PÉTITION

DE JULIAN DE CARENTAN,

Professeur de la ci-devant Université de Paris, Électeur du département de la Manche, et premier secrétaire général du comité de Salut Public;

A LA CONVENTION NATIONALE.

CITOYENS REPRÉSENTANS,

LORSQUE mes opinions politiques que je donnois comme miennes, et non comme les meilleures à suivre, offroient des résultats dont l'application plus ou moins heureuse, concouroient toujours au triomphe de la révolution, des pestes révolutionnaires, de nouveaux phalaris qui déjà méditoient à l'écart l'asservissement de la liberté, calculèrent sur mon imagination vive, et crurent qu'avec des mots et de la confiance, ils parviendroient à s'approprier mon activité. Ils m'appellèrent aux secrets du gouvernement, ils m'associèrent à leurs travaux. Ma bonne foi, ma franchise, mon indépendance républicaine qu'ils connurent de plus près, leur firent bientôt sentir le faux de leur combinaison : aussi convaincus que mon républicanisme n'étoit point une marchandise révolutionnaire, et que jamais ils ne pourroient en faire un rouage mobile à l'action du ressort de leur DÉVASTATEUR MACHIAVELISME, ils commencèrent par m'écouter avec indifférence, et me faire appercevoir que ma présence étoit incommode. Ce ne fut point assez : Je ne pouvois servir leur systême, mais je pouvois devenir dangereux; mais mon énergie qui ne vouloit être l'instrument d'aucune volonté isolée du vœu général, pouvoit sonner contre leur féroce ambition; le même tocsin qu'elle avoit sonné contre la perfide royauté; alors ils me persécutèrent sourdement, ils me perdoient tout en disant du bien de moi, et finirent par me jetter dans les cachots, d'abord comme suspect, en motivant cette suspicion sur prétexte que je devois compte à la république d'une somme de 138,000 livres. Mais comment, dans quelles circonstances m'isolèrent-ils de la société? Un comité révolutionnaire usurpe la jurisdiction de la convention qui un mois auparavant s'étoit réservé la connoissance exclusive de cette affaire. C'est lorsqu'elle attend le rapport de son comité de sûreté générale à qui elle avoit renvoyé ma pétition après m'avoir accordé les honneurs de la séance ; c'est dans le même tems que je refusois de recevoir en dépôt une somme de 600,000 livres que vouloit me confier le citoyen Legrand, commissaire délégué à la conduite de l'armée de Mayence, somme qui restoit de la masse de fonds que j'avois remis tant à lui-même qu'aux autres commissaires.

Si j'étois venu à la barre faire le charlatan, vanter le succès de ma mission auprès de l'armée, puis tonner à tort et à travers sur le déficit qui s'étoit trouvé sur les deux millions que j'avois reçus de confiance et sur parole vu l'urgence du moment, ainsi que peuvent l'attester le citoyen Regnault de Bretel représentans du peuple, je me serois peut être évité bien des peines, mais peu occupé de moi-même, et tout entier au bien public, je ne m'imaginais point que cette erreur qui n'étoit pas la mienne pût tirer mes anciens services, et m'accoler aux ennemis de la république. Je me contentai de rendre compte au comité dont j'avois reçu ma mission, je me plaignis du déficit, l'on ne me soupçonna point et le citoyen l'Hermina, administrateur de la trésorerie, reçut mes comptes auxquels se trouve annexé le procès-verbal du déficit que je fis constater au moment que je m'en apperçus.

Depuis 11 mois je suis dans les fers, depuis

11 mois je démontre mon innocence, depuis 11 mois je demande justice. Enfin la convention qui aujourd'hui n'est plus forcée à ne bâtir que des ruines, et qui majestueusement élève l'édifice du bonheur public sur la base des droits de l'homme vient d'entendre mes cris, et le 30 brumaire dernier, elle a rendu le décret que je transcris ici textuellement.

» La Convention décrète le renvoi de la péti» tion du citoyen Julian de Carentan, au co» mité de sûreté générale ; le charge d'envoyer » devant le tribunal qui en doit connoître les » dénonciations et pièces qui concernent ce » citoyen dans le courant de la décade pro» chaine pour être jugé conformément aux » loix ».

Ce décret me rendit l'espoir ; il soulevoit mon affaissement, et dans l'effusion de ma reconnoissance je le lisois, je le relisois, je me croyois déjà débarassé de mes fers, lorsque la réflexion vint dissiper l'illusion et me rendre à toute l'horreur de mon infortune ; elle me fit voir que ce décret tout juste qu'il étoit, n'accéléroit point encore la justice que j'invoquois ; et bientôt l'expérience confirma mes trop justes allarmes. En effet, le comité n'a point exécuté le décret. Pourquoi ? parceque son exécution est impossible ? il n'existe contre moi ni dénonciations, ni preuves, ni semi-preuves, ni probabilité, ni vraisemblance de la distraction de ces fonds. Jamais l'on ne m'a soupçonné ; l'on a voulu depuis me renvoyer en mission, je suis resté au comité plus d'un mois après mon malheur. J'ai long-temps sollicité tantôt le Citoyen Barère, tantôt Hérault, St.-Just etc. de faire un rapport sur cet évènement ; n'ayant pu l'obtenir, je me suis presenté moi-même à la convention, ce fut sous la présidence du Citoyen Rome, j'ai moi-même, dénoncé le déficit, j'ai demandé qu'on en cherchât les causes; que l'assemblée constatât que je n'en étois point le distracteur, et j'offris en cas que l'assemblée décidât que j'en serois responsable pécuniairement, mon patrimoine et même le travail de toute ma vie, s'il en étoit besoin pour acquitter cette dette. D'ailleurs je n'ai point été plus riche après ma mission qu'auparavant. Je n'ai fait aucune dépense qui pût me rendre suspect ; etc etc. Le comité n'a d'autre pièce a produire contre moi que l'arrêté du comité révolutionnaire de la section des Tuilleries, qui motive mon arrestation sur le prétexte que je dois compte à la république d'une somme de 138000 liv. ; mais il ne m'accuse point de l'avoir distraite à mon profit. Il y a loin de voler à être volé ; et jamais un homme, pour être malheureux, fut-il criminel. Je le répète jamais je n'ai couru après la fortune, j'ai toujours scu travailler et chérir l'heureuse médiocrité. Je ne suis que victime, je suis puni provisoirement pour une erreur qui n'est pas la mienne, avant qu'il ait été décidé si cette erreur peut m'être imputée, si même elle est punissable, et punissable de la peinedes conspirateurs.

Si le citoyen Bourdon de l'Oise,qui fut chargé de mon rapport dès les premiers jours de son entrée au comité de sûreté, eût voulu prendre la moindre connoissance de mon affaire, je ne respirerois plus l'air empesté des prisons, je serois rendu à la liberté, je la servirois encore, et la conventionn'eût eu a décider que cette question : Julian de Carentan doit-il être responsable du déficit de 138000 liv. qui s'est trouvé sur une somme de 2 millions qu'il a reçu de confiance et sur parole, vu l'urgence du moment, »

Cette question, Citoyens Représentans, vous ne pourrez vous empêcher de la décider. C'est dans sa décision seule que consiste toute mon affaire. Il est clair aujourd'hui que mon arrestation n'est qu'une violation du droit des gens, un abus de pouvoir, et que mon oppression jusqu'ici prolongée, est tout aumoins un acte arbitraire. J'ai subi une longue agonie ; mais je laisse le remord à mes ennemis. Ils m'ont forcé d'apprendre que dans une révolution l'homme probe, veritablement ami de la société, commence par être apôtre, et finit par être martyr. Au reste, je m'honore d'avoir essuyé toute la tourmente révolutionnaire, je lui ai survécu, et mon républicanisme ne s'est point anéanti au fond des tombeaux de la Conciergerie ; je l'ai, je le sens tout entier, ils s'irrite d'être condamné à l'inutilité, et certes aujourd'hui que la patrie r'ouvre son sein a des enfans égarés, aux parricides Vendéens, aux égoïstes, aux trembleurs qui se sont neutralisés dans toutes les crises de la révolution, un Citoyen calomnié qui, durant cinq ans a fait ses preuves, n'a-t-il pas le droit de redemander ses foyers; mais Citoyens Représentans, (gardez-vous de le croire) ce n'est pas le bienfait d'une amnistie qu'il réclame sa fièreté s'en indigne; c'est la justice qu'il lui faut, il n'a point commisde crimes, ilneveutpoint de grace; il veut rentrer dans la société; mais il ne veut point avoir à rougir. La calomnie la traîné dans la boue, il veut être lavé, et toujours il rejetteroit la liberté sans l'hhonneur.!

Citoyens Représentans, vous pouvez lui rendre l'une et l'autre en usant même de la plus sévère justice; le génie républicain qui vous préside, vous invite a décréter, que le comité de sûreté générale rendra compte à la Convention nationale, séance tenante, s'il y a aucune dénonciation dans ses bureaux, contre le Citoyen Julian de Carentan, relativement au déficit des

138000 liv., trouvé sur la somme de deux millions qu'il devoit remettre à l'armée de Mayence.

2°. Si le comité déclare qu'il en existe, il sera tenu de les envoyer dans le jour au tribunal qui en doit connoître, ainsi que les autres pièces qui concernent ledit citoyen dénoncé.

3°. Si le comité déclare qu'il n'en existe point, ledit citoyen Julian de Carentan sera sur-le-champ mis en liberté, et la présente pétition renvoyée au comité de législation, pour qu'il mette par un prompt rapport la convention à portée de décider si le pétitionnaire doit être responsable du déficit en question.

A l'Hospice, le 24 Frimaire de l'an 3me. de la République une et indivisible.

JULIAN DE CARENTAN.

De l'Imprimerie du bureau général des Journaux.

www.ingramcontent.com/pod-product-compliance
Lightning Source LLC
LaVergne TN
LVHW021712230826
846092LV00002BA/969

* 9 7 8 2 0 1 9 9 1 8 2 1 7 *